Vorwort

Als ich kurz vor meinem Abi gesagt habe, ich möchte Schneiderin werden, bekam ich häufig negative Kommentare zu hören. Ich solle lieber studieren. Meine Antwort darauf war, das könne ich danach immer noch.
Während meiner dreijährigen Ausbildung habe ich auch zu Hause privat ständig für mich genäht. Ich erinnere mich noch gut, dass ich alle meine Sachen gepackt und im Garten drapiert habe, um Fotos zu machen. Das ist nun zwanzig Jahre her. Heute, im Zeitalter von Blogs, Facebook und Instagram ist es das Normalste überhaupt. Ich zeige was ich mache, inspiriere andere und hole mir selbst Inspirationen. So ändern sich die Zeiten.
Was sich allerdings nicht geändert hat ist meine Leidenschaft fürs Nähen. Nähen ist nicht nur mein Beruf, es ist meine Berufung. Und auch auch mein Hobby. Es ist für mich das schönste Hobby der Welt.

Im letzter Zeit sind noch weitere kreative Hobbys hinzugekommen:
Plotten zum Beispiel.

Und weil eines ohne das andere nur halb so schön ist und die Möglichkeiten quasi grenzenlos sind, wollte ich dieses Büchlein machen.

Viel Freude damit!

Sabine Hilbrandt

Inhalt

Allgemeine Hinweise

DATEI-DOWNLOAD

Der Hauptinhalt dieses Buches besteht aus ausführlichen e-Books sowie zahlreichen Plotterdateien. Diese findest Du ab Seite 53. Um Dir das Herunterladen zu erleichtern, sind alle Dateien in einem Zip-Ordner zusammen gefasst. Gebe den folgenden Link in die Adresszeile deines Internetbrowsers ein und drücke anschließend die Enter-Taste:

https://im-sew-happy.de/nähliebeundplotterspaß

Das Kennwort findest Du im Impressum. Nachdem Du das Passwort bestätigt hast, kannst Du den Zip-Ordner herunterladen. Sobald der Vorgang beendet ist und Du mit der linken Maus auf das Zip klickst, öffnet sich das folgende Fenster:

Downloads › Nähliebe und Plotterspaß Download Dateien.zip ›

Name	Typ
e-books	Dateiordner
Minigeldbeutel	Dateiordner
Plotterdateien	Dateiordner
Stoffmuster DIN A4	Dateiordner
Taschentrio	Dateiordner
Notizzettel Nähliebe und Plottersp...	Adobe Acrobat Document

Mit der Tastenkombination Strg/Ctrl A kannst Du alle Ordner gleichzeitig markieren und mit Strg/Ctrl C kopieren. Danach öffnest Du den Zielordner auf Deinem Rechner und fügst die Dateien mit Strg/Ctrl V ein. Die Dateien sind innerhalb des Zip-Ordners in Unterordner einsortiert.

E-Books

1 - Schneckentasche	Dateiordner
2 - Kalenderhülle	Dateiordner
3 - Filzgeldbeutel	Dateiordner
4 - Mokringpurse	Dateiordner
5 - Multimade	Dateiordner
6 - Mäppchen	Dateiordner
7 - Notizbuchhüllen	Dateiordner
8 - Mini-Mäppchen	Dateiordner
9 - Riesenshopper	Dateiordner

Plotterdateien

Ananas	Dateiordner
Anker	Dateiordner
Blumen handgezeichnet	Dateiordner
Blumen und Blätter	Dateiordner
Federn	Dateiordner
Flamingo	Dateiordner
Käfer Ey bug	Dateiordner
Kaktus	Dateiordner
Libellen	Dateiordner
Lippen - Tussi Content	Dateiordner
Monster	Dateiordner
Monstera	Dateiordner
Nähmaschine	Dateiordner
Pinsel	Dateiordner

Ich empfehle Dir, alle Dateien auf Deinem Computer zu speichern, so dass Du sie gleich zur Hand hast, wenn Du diese benötigst. Die Anleitungen sind als Farbdruck vermutlich leichter verständlich. Du kannst Dir diese aber auch am Bildschirm anschauen und die Ausdrucke sparen.

Werkzeuge

und Hilfsmittel

Lieblinge

SPEZIALFÜẞCHEN FÜR DIE NÄHMASCHINE

- Ausgleichsfuß zum sauberen Absteppen von Kanten
- Schrägbandeinfasser zum gleichmäßigen Annähen von Schrägband
- Teflonfuß zum Nähen von Kork, Kunstleder, Plastik, Wachstuch

WERKZEUGE UND HILFSMITTEL BEIM NÄHEN

- Kleine, spitze Schere zum Fadenabschneiden und Auftrennen
- große Zuschneideschere
- Rollschneider (und Schneidematte)
- Prym Vario Zange, zum Anbringen von Druckknöpfen, Nieten und Ösen
- Famex Revolver Lochzange
- Zange für Schlüsselband Rohlinge
- Ecken- und Kantenformer/Pfriem zum Ausformen von Ecken
- Saumhilfe für Nahtzugaben (Magnet zum Einhalten von Nahtzugaben)
- Schrägbandformer zum Herstellen von eigenem Schrägband
- Stoffklammern/Clips zum Befestigen von Stoffteilen, die nicht mit Stecknadeln zusammen gesteckt werden können
- Taylor Seville Magic Clips mit Markierungen für Nahtzugaben
- Handmaß mit Loch zum Aufhängen
- Zipperhalter von himmelrosa®, zum Auffädeln von Schiebern auf Endloßreißverschlüsse

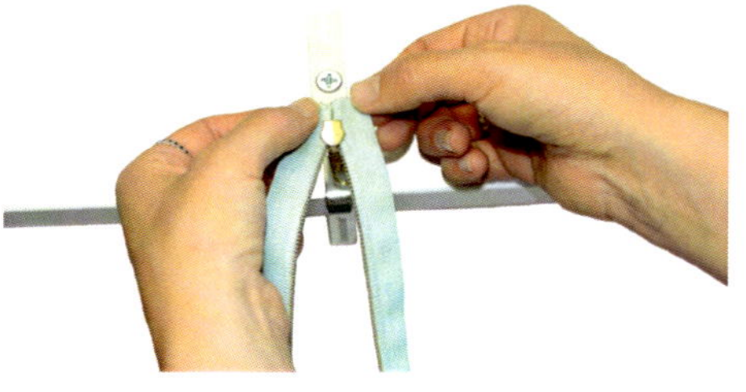

MATERIALIEN

- Canvas und bunte, gemusterte Popeline
- selbst gefärbte Stoffe
- Kreativpapier mit metallischer Oberfläche
- Kulörtexx: handgefärbtes Lederpapier
- ReLeda: recyceltes Leder
- SnapPap und SnapPap plus: Kreativ-Papier
- Tyvek®: Vliesstoff mit papierartigem/folienartigem Charakter
- Kam Snaps
- metallisierte Endloßreißverschlüsse
- Lederband und Glasperlen

Cohana
Cohana

Lieblinks

- alles-fuer-selbermacher.de: Stoffe und Nähzubehör
- allie-and-me.de: Inspiration zum Thema Paperpiecing und Quilten
- baender24.de: Nähzubehör
- biancafarbenfroh: bunte Knöpfe, teilweise passend zu Stoffdesigns angesagter Designer
- buchbindermeister24.de: Zubehör zum Buchbinden
- cohana.style/shop: ganz besonders edles, japanisches Nähzubehör
- creasteinmetz.de: verschiedene Plotterfolien, unter anderem Heißprägefolien
- e-stoklasa.de: Nähzubehör
- ghost-white-toner.com: Weissdruck und Folien zum Tonertransfer
- graving.de: Brennstempel
- greenfietsen.de: Inspiration zum Thema Quilten und Paperpiecing
- happyfabric.de: Plotterfolien und Co.
- himmelrosa.de: Zipperhalter
- jeromin-shop.de: Farben und Zubehör zur Textilgestaltung, individuelle Siebdruckschablonen
- kunstpark-shop.de: Farben zur Textilgestaltung, zB. von Viva Decor
- machwerk-shop.de: metallisierte Endlosreißverschlüsse
- nähzauberei.de: Stoffe und Nähzubehör
- plottermarie.de: Plotterfolien und Co.
- schneidereibedarf-werner.de: allerlei Nähzubehör
- shop.madebymira.de: Stoffe und Nähzubehör
- siebdruckland.de: Siebdruckzubehör
- siebdruck-versand.de: Siebdruckzubehör
- snaply.de: SnapPap, ReLeda und Taschenzubehör
- spoonflower.com: Stoffe aus eigenen Designs oder von Designern drucken lassen
- stoffn.de: Stoffe aus eigenen Designs oder von Designern drucken lassen
- stoffundstil.de: Stoffe, Perlen und Farben zur textilen Gestaltung

Tipps

DIE HAUSHALTSNÄHMASCHINE

Lass Dich am Besten vor Ort bei einem Händler beraten. Dort kannst Du testen, welche Maschine zu Dir passt. Du kannst Reste von Stoffen mitnehmen, die Du oft verwendest, um herauszufinden, ob und wie eine bestimmte Maschine damit klarkommt. Vielleicht hast Du ja auch eine liebe Freundin, Nachbarin oder Bekannte, bei der Du eine Maschine zum Probieren ausleihen kannst. Außerdem solltest Du auch daran denken, dass Deine Maschine mit Sicherheit hin und wieder zum Service muss. Es nützt nichts, wenn Du sie im Internet für ein paar Euro günstiger findest und dann eventuell keinen Service bekommst bzw. diesen teuer bezahlen musst. Eine Maschine, die zu Dir und Deinen Vorhaben passt, ist das A und O. Wenn sie zickt, oder Du wegen ihr zickst, nähst Du vermutlich aus lauter Frust gar nicht. Dann verpasst Du das schönste Hobby der Welt! Spare lieber ein bisschen länger auf Dein Wunschmodell.

DIE INDUSTRIENÄHMASCHINE

Wenn Du Blut geleckt hast und wirklich viel nähst, dann kannst Du vielleicht darüber nachdenken, Dir eine Industriemaschine zu kaufen. Vorausgesetzt Du hast Platz. Starkstrom war gestern, heute gibt es sie auch mit Normalstrom.

Auch wenn sie nur „geradeaus“ nähen kann, könnte sie interessant sein. Sie hat einfach mehr „Wums“. Und für Schnulli wie Zickzack, Knopflöcher und Zierstiche, die man eventuell eher selten benutzt, tut es dann auch ein günstigeres Haushaltsmodell.

Tipps

DIE ZUSCHNEIDESCHERE

Ich persönlich bevorzuge zum Zuschnitt eine große Schere mit langen Klingen. Sie ist eventuell etwas schwerer. Aber die langen Klingen ermöglichen einen sauberen Zuschnitt. Wenn Du viel nähst, investiere in eine gute Schere. Idealerweise probierst Du sie vor dem Kauf aus. So kannst Du feststellen, ob sie gut in der Hand liegt.

Eine Stoffschere NIEMALS für Papier verwenden, keine Ausnahmen! Ansonsten schneidet sie irgendwann Deinen Stoff nicht mehr gut. Einmal Stoff, immer Stoff.
Ab und zu solltest Du Deine Schere schleifen lassen.

DER ROLLSCHNEIDER

Viele Schnittteile lassen sich auch wunderbar mit einem Rollschneider zuschneiden. Nutze ihn zusammen mit einer Schneidematte. Neuerdings gibt es auch drehbare Schneidematten, die das Zuschneiden noch einfacher machen, da man nur die Matte drehen muss, nicht aber die Schnittteile.

STICHEINSTELLUNGEN AN DER NÄHMASCHINE

Wenn Du für bestimmte Nähte gute Erfahrungen mit Sticheinstellungen gemacht hast, lohnt sich die Mühe, diese in einer kleinen Tabelle zu notieren und neben die Maschine zu legen.

Oder schreibe die Einstellungen auf einen Aufkleber und klebe diesen an die Maschine. Das spart Dir später Zeit mit Ausprobieren.

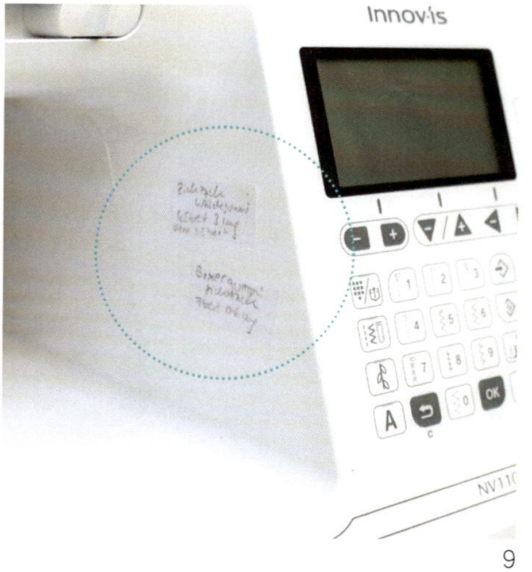

Tipps

DAS NÄHNADELCHAOS

Um Nadeln zu unterscheiden, z.B. für Webare oder Jersey, kannst Du diese farbig markieren. Dazu den oberen Schaft einfach mit Nadellack anmalen und Dir aufschreiben, welche Lackfarbe zu welcher Nadel gehört. Wenn Du die Nähmaschinennadeln an der Maschine tauschst, packe sie sofort wieder in die richtige Packung. Vermutlich wirst Du Dich nicht erinnern, wenn Du es später machst.

Als Erinnerung, welche Nadel Du gerade in der Maschine hast, kannst Du Dir einen Nadelmerker basteln. Hierfür gibt es eine kostenlose Vorlage im Internet. Um das PDF herunterzuladen, musst Du den folgenden Text in die Adresszeile Deines Browsers eintippen:
http://www.stich-und-faden.de/sites/default/files/download/nadelmerker-stichundfaden.pdf
Oder Du gibst „Nadelmerker" in die Suche ein.

Den Nadelmerker an einen sicheren Platz legen, so dass er nicht aus Versehen verstellt wird. Oder schnöde die Infos auf ein Zettelchen schreiben und unter den Fuß klemmen. Den Nähfuß, versteht sich.

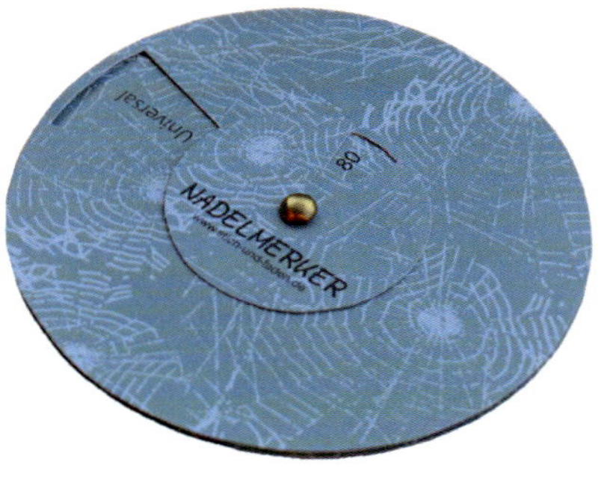

Ich habe die Vorlage für den Nadelmerker auf buntes, etwas festeres Papier gedruckt.

NÄHMASCHINENNADELN WECHSELN

Wenn die Nadel leicht verbogen oder die Spitze etwas „stumpf" oder „kratzig" ist, dann ersetze sie durch eine neue und denk nicht: Ach, die geht noch! Generell nicht zu geizig sein und die Nadeln nicht zu selten tauschen. Es wäre ärgerlich, wenn Du Dein Nähgut mit einer kaputten Nadel nähst und es eventuell erst nach dem Waschen merkst.
Dann war die Mühe umsonst und Du ärgerst Dich über die Löcher entlang der Nähte.

Tipps

Das Auftrennen

Es gehöhrt ja leider dazu. Ich halte nichts von den Auftrennern, die es gerne mal als Werbegeschenk gratis gibt. Man schneidet den Nähfaden in kleine Stückchen und muss alle einzeln aus dem Stoff „zupfen“. Ehe man sich versieht, rutscht man mit dem Ding ab und zack: Loch reingeschnitten. Natürlich nicht auf der Nahtzugabe sondern irgendwo aussen sichtbar. Vielleicht ist es nicht reparabel. Oder man hat womöglich den allerletzten Rest seines Lieblingsstoffes für ein Herzensprojekt verwendet. Jup. Kaputt. Nimm lieber eine kleine Schere, schneide vorsichtig einzelne Stiche des Ober- und Unterfadens auf und ziehe die Fäden vorsichtig heraus. So, als ob Du den Stoff kräuseln würdest.

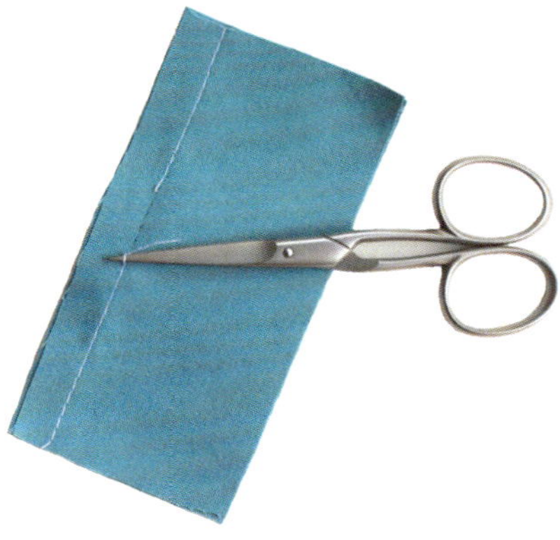

Das Bügeln

Es gehöhrt ja leider auch dazu. Vor allem auch das Zwischenbügeln. Du musst Dich nicht akribisch an die Reihenfolge in einer Nähanleitung halten. Nähe einfach alles soweit, bis Du bügeln musst. Oder gönne Dir ein Minibügeleisen und stelle es neben Dich auf den Tisch.

Beim vorderen Täschchen habe ich nicht zwischengebügelt. Auf den Hexis sieht man viele kleine Knitter, die an der fertigen Tasche nicht mehr so gut weggebügelt werden können.

Über den Tellerrand

SEI FLEXIBEL

Es gibt mittlerweile unzählige Anleitungen mit guten Nähtipps und Tricks. Schaue über den Tellerrand. Wenn Dir eine Verarbeitung zu kompliziert erscheint oder nicht gefällt, oder Du vielleicht noch nicht so viel Erfahrung hast, nähe es einfach anders! So wie Du es kannst und Du es magst. Du brauchst Dich nicht immer 100% an eine Anleitung zu halten. Frag youtube. Schau Dir Produkte an, die man kaufen kann. Wie sind sie verarbeitet? In welche Richtung liegen die Nahtzugaben? Sind sie mit dickerem Garn abgesteppt? Notiere die besten Ideen in einem Büchlein. Ich besitze einige schnöde Word Dokumente auf meinem Rechner, in die ich mir Links kopiere und einen kurzen Text dazu schreibe. Außerdem gibt es ja noch Pinterest. Es ist gespickt mit tollen Ideen! Oder nutze die Notizseite in diesem Büchlein, um Dir Wichtiges zu notieren. Falls Du einen Nähkurs besuchst oder Dir persönlich etwas zeigen lässt, mach ein paar schnelle Fotos mit dem Handy, um Dir einzelne Verarbeitungsschritte zu merken, so dass Du sie später selbstständig nacharbeiten kannst.

Es gibt auch nicht immer alle Stoffe zu haben, die verwendet wurden, entweder weil sie ausverkauft sind, oder selbst gedruckt oder in einem anderen Land gekauft. Kräme Dich nicht, Du findest sicher das passende Material für Dein Projekt. Oder ein noch viel schöneres...!

HAB SPAß DABEI!

Sei nicht frustriert, wenn es nicht immer gleich klappt oder manches nicht so schön wird. Es braucht alles viel Übung und Erfahrung. Sieh es als Hobby und Ausgleich zum stressigen Alltag und geniesse das geile Gefühl, dass DU es mit DEINEN Händen SELBST geschaffen hast. Dies kann Dir keiner nehmen.

Ich habe Perlendrehen für mich entdeckt. Diese kann ich super an die Zipper der Täschchen fädeln. Für das gewisse Extra. Sagt mein Mann zu mir. „Den richtigen Dreh hast Du aber noch nicht raus! Die sehen alle anders aus". Tja, den Anspruch habe ich gar nicht, dass sie perfekt werden. Es ist einfach ein schönes Hobby und gut zum Runterkommen. Auf meinem Blog habe ich etwas dazu geschrieben.

Sew what: Imperfect is the new happy!

Individualität

GHOST-WHITE-TONER

Mit einem Laserdrucker, Flex Soft (no-cut) A-Foil von Ghost-White-Toner und einer Textilpresse erstellst Du Deine ganz eigenen Bügelbilder. Der Vorteil dieser Folien gegenüber anderen T-Shirt Transferfolien liegt darin, dass nur die bedruckten Stellen auf das Textil übertragen werden und die Haptik der nicht bedruckten Fläche weich bleibt. Es gibt nicht nur transparente Folien für bunte Drucke, sondern auch metallische Folien. Für das Beispiel habe ich viele kleine Ananas auf Goldfolie gedruckt, die Einzelmotive ausgeschnitten und zufällig auf den zugeschnittenen Stoffteilen platziert.

WIE ES GEHT

In einem meiner Blogpostings habe ich Dir eine kurze Anleitung dazu geschrieben: https://im-sew-happy.de/bugelbilder-selbermachen-aus/

Auch bei Ghost-White-Toner auf der Internetseite gibt es detallierte Anleitungen dafür. Sie bieten auch weiße Toner für verschiedene Drucker an. Somit hast Du die Möglichkeit, weiße Motive auf dunkle Stoffe zu drucken.

Eine Übersicht, für welche Drucker es Spezialtoner gibt, findest Du ebenfalls dort auf der Internetseite.

Individualität

STOFFE GESTALTEN – TOB DICH AUS!

Falls Du gerne experimentierst und es individuell magst, kannst Du selbst kreativ werden und Stoff bedrucken bzw. gestalten:

- mit Stoffmalstiften, -farben und simplen „Zutaten“ lassen sich punktuelle oder flächige Muster aufbringen. Diese gibt es sogar in Gold – für mehr Glitzer. Auch speziell für Leder, wenn Du Dich daran wagen magst.
- mit Spray kannst Du schöne unregelmäßige Oberflächen und Verläufe erzielen. TIPP: sollte der Sprühkopf bei Marabu-Farben verstopft sein, kannst Du diesen auseinander nehmen und vorsichtig mit einer spitzen Nadel und Wasser reinigen.

- Mit Tie Dye (auch Shibori oder Batik genannt), lassen sich tolle und unerwartete Effekte erzeugen.
- Von IZINK gibt es 3D Paste und Glitzerfarbe, die man gut zum Schablonieren verwenden kann. Manche Plotterdateien sind geeignet, um aus Schablonenfolie entsprechende Vorlagen zu plotten. Mit nichtpermanentem Sprühkleber fixiert halten Sie auf dem Untergrund und verhindern, dass Farbe unter die Schablone läuft.
- Für Siebdruck gibt es Sets, in denen alles dabei ist, was benötigt wird. Zum Beispiel von bobbinhood.

Der blau/türkis besprühte Stoff lag als Schutz unter meinem Material. Das unerwartet bunte Muster hat mir so gut gefallen, dass ich ihn spontan zu diesem Täschchen vernäht habe.

Individualität

STOFF SELBST BEDRUCKEN

Ausdrucke auf Baumwolle in DIN A4 druckst Du Dir mit einem Tintenstrahl- oder Laserdrucker einfach selbst, indem Du mit nichtpermanentem Sprühkleber ein Stoffstück auf ein Druckerpapier klebst und entlang der Papierkanten abschneidest. Zum Ausprobieren findest Du drei Muster von mir bei den downloads:

- ein hellblau/türkises Blumenmuster
- ein dunkelrotes Rautenmuster
- ein handgezeichnetes Blumenmuster in schwarz.

Einige Ideen zur textilen Gestaltung habe ich auf meinem Blog veröffentlicht. Du findest sie unter:

im-sew-happy.de/category/diy

Vielleicht triffst Du Dich auch mit Gleichgesinnten auf einen kreativen Abend. Da könnt Ihr Ideen und Materialien tauschen. Oder Du machst einen Kurs. Es gibt auch unzählige Bücher zum Thema Textilgestaltung.

EIGENE LABELS

Wenn Du es gerne professioneller magst, laß Dir eigene Etiketten weben. Du kannst Dir auch selbst welche plotten oder stempeln. Auch ein Brennstempel für Leder (auch für SnapPap und ReLeda geeignet) wäre eine Option. An einem Reststück testen. Den Stempel während des Gebrauchs bitte nicht unbeaufsichtigt lassen!

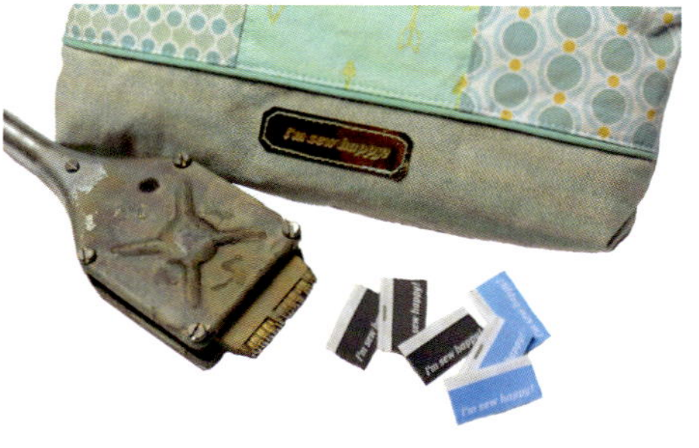

Tipps

für saubere Ecken

Saubere Ecken

Die einfachsten Ecken sind die 90° gewinkelten Ecken. Anstatt die Nahtzugaben, wie oft gezeigt wird, schräg abzuschneiden, lege und nähe ich diese einfach in die Richtung, in der sie später liegen sollen: entweder in das Futterteil oder das Rückteil.

RECHTWINKLIGE ECKEN

1 Zuerst beide Stofflagen an einer Kante komplett bis an die Schnittkanten zusammennähen.

2 Danach entlang der anderen Kanten nähen. Dabei die Nahtzugabe der ersten Naht in das Futterteil (oder Rückteil) legen und mit festnähen.

3 Teil wenden und die Ecken vorsichtig mit einem Kantenformer oder Pfriem ausformen. Flach bügeln.

TIPP:

Diese Ecken eignen sich sehr gut für flache, eckige Zippertäschchen wie auf dem großen Bild links.

Saubere Ecken

Auch bei abgeschrägten Ecken werden die Nahtzugaben festgenäht.

ABGESCHRÄGTE ECKEN

1 Zuerst beide Stofflagen an den Schrägen komplett bis an die Schnittkanten zusammen nähen. Du kannst entlang der Einlage nähen, wenn diese exakt die Schnittmaße hat.

2 Danach entlang der unteren und den seitlichen Kanten nähen. Dabei die Nahtzugaben der Nähte an den Schrägen in das Futterteil legen und mit festnähen.

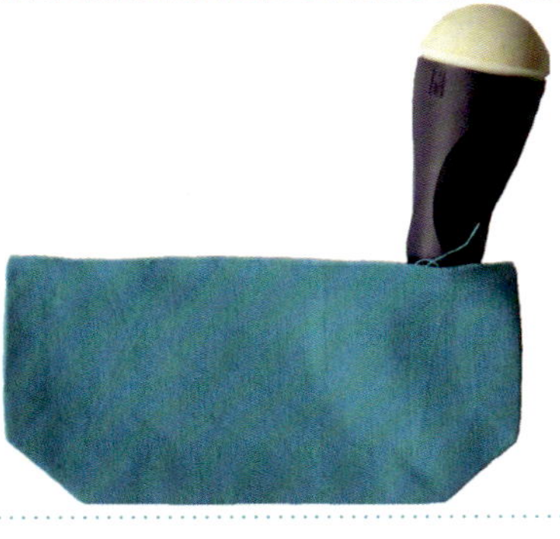

3 Teil wenden und die Ecke vorsichtig mit einem Kantenformer oder Pfriem ausformen. Flach bügeln.

Saubere Ecken

Spitze Ecken sind ein bisschen „komplizierter". Aber auch das bekommst Du hin.

SPITZE ECKEN

1 Du kannst Dir mit einem Textilstift die Nahtlinien vorzeichnen.

2 Nähe kurz vor der Spitze mit einer leichten Wölbung nach innen und die letzten Stiche mit einer kleineren Stichlänge. Den letzten Stich vor der Ecke quer nähen.

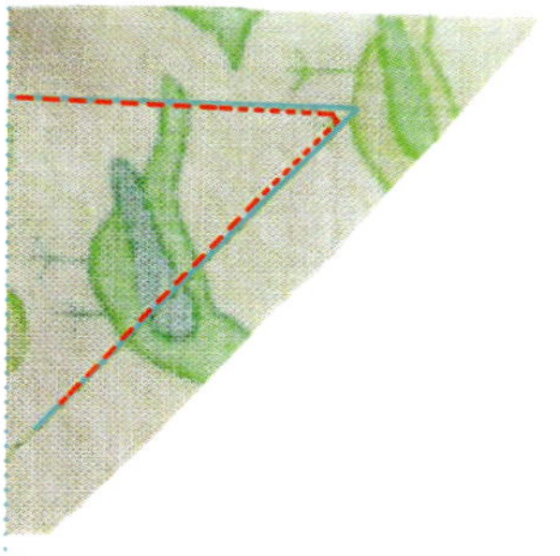

3 Nahtzugaben an der Spitze bis kurz vor die Naht abschrägen. Teil wenden und die Ecke vorsichtig mit einem Kantenformer oder Pfriem ausformen. Flach bügeln.

Saubere Ecken/Schablonen

Apropos saubere Ecken: der Anti-Krümel-Trick.
Wenn Du die Ecken von Innentaschenbeuteln nicht im 90°- Winkel abnähst, sondern rund oder schräg, dann kannst Du die Brösel/Krümel und den „Dreck“, der sich sammelt, ganz leicht herausbekommen.

SCHABLONEN AUS SCHLEIFPAPIER

Um gleich nochmal das Thema „saubere Ecken“ aufzugreifen, kommt hier ein „life hack“ aus dem Baumarkt:
Du kannst Dir aus feinkörnigem Schleifpapier tolle Nähschablonen zum Verstürzen selbst herstellen. Die Körnung verhindert das Verrutschen der Stofflagen. Wenn Du beispielsweise eine bestimmte Taschenklappe immer wieder nähst, lohnt sich die Mühe.

Du brauchst die Teile aus Stoff nicht mal genau zuzuschneiden. Es genügt, sie grob auszuschneiden. Lege die beiden Stoffteile rechts auf rechts, das Futter liegt beim Nähen oben. Das Futter ziehst Du vorsichtig ringsherum ein bisschen nach aussen. Somit wird es etwas kleiner. Die Naht liegt später beim gebügelten Teil leicht nach hinten und das Futterteil blitzt nicht unschön nach vorne.

1 Du benötigst Dein Schnittteil mit Nahtzugabe oben und ohne an den Seiten. Schleifpapier falten, die körnige Seite liegt innen. Schnittteil mit der Oberkante an den Bruch aufkleben.

2 Überstehendes Schleifpapier entlang der Schnitteilkante abschneiden.

3 Stoffaussenteil mit der Außenseite nach oben, darauf mit der Außenseite nach unten das Futter legen. Beide Lagen in die Schablone legen, so dass die oberen Stoffkanten im Bruch der Schablone liegen.

4 Vor bzw. beim Nähen das Futter rundherum leicht nach außen und unten ziehen. Beide Stofflagen entlang der Schablonenkante zusammennähen.

5 Schablone entfernen.

6 Überstehenden Stoff neben der Naht zurückschneiden, dabei an den Rundungen etwas weniger Nahtzugabe überstehen lassen.

7 Teil wenden, die Rundungen vorsichtig mit einem Kantenformer ausformen und Kante flach bügeln. Durch das Ziehen beim Nähen ist das Futter leicht kleiner und schaut später nicht am Außenteil hervor.

Von Hand nähen

STICH FÜR STICH

Kennst Du den Spruch „Langes Fädchen, faules Mädchen?" Der schien auf mich zuzutreffen, denn ich habe zum Nähen von Hand immer ein sehr langes Stück Garn abgeschnitten. Ich hatte keine Lust, ständig zu vernähen und neu anzufangen, weil der Faden leer war.

Einerseits stimmt der Spruch. Andererseits verheddert sich ein zu langer Faden gern und die Verknotung bekommt man oft nicht leicht wieder heraus. Da hilft dann nur neu anfangen. Somit hat man dann zeitlich auch nix gewonnen.

Ich verwende zum Nähen mit Hand immer einen Nähring. Dieser ist oben offen und nicht, wie ein Fingerhut, geschlossen. Man schiebt die Nadel mit der Fingerseite und nicht mit der Fingerspitze in den Stoff.
Man gewöhnt sich schnell daran. Danach ist es ein „komisches" Gefühl, ohne Fingerring zu nähen.

Und ich sitze dazu am Liebsten auf dem Tisch. Wie ein echter Schneider halt :-).

Eine kostenlose Anleitung inklusive Stickdatei für diesen Nadelkissenring findest du von mir bei Makerist.

I'm sew happy!

English Paper Piecing

Oder auch EPP genannt. Slow-sewing mit Wow-Effekt!

Beim Täschchen links auf dem Bild wurden die Hexis so angeordnet, dass ein Ombré-Effekt von dunkel nach hell entsteht.

VON HAND GENÄHT

Kleine Stoffstücke um geformte Papierteile zu falten und mit Hand zusammenzunähen ist eine schöne Art, Hygge beim Nähen aufkommen zu lassen. Die Sache einfach etwas ruhiger angehen lassen und dabei kleine Stoffreste verwerten. Bei kleinen Taschen sieht diese Verziermethode nicht nur hübsch aus, sondern auch das Erfolgserlebnis stellt sich schnell ein, weil nur wenige Teile benötigt werden. Beim Taschen-Trio sind Vorlagebögen zum Ausschneiden, aber auch Plotterdateien für Hexi-Papierschablonen in zwei Größen - in 25 mm und 49 mm Breite - enthalten.

Du kannst Dir aber auch fertige Papierschablonen oder Papier-Stanzer kaufen, wenn/falls Du auf den Geschmack gekommen bist :-).

Zunächst benötigst Du also einige Papierschablonen auf Vorrat und entsprechend Stoffreste, bunt gemischt, oder farblich aufeinander abgestimmt. Wie Du magst. Du kannst in die Papierschablonen mit einem Locher ein Loch einstanzen. So tust Du Dich später beim Entfernen der Schablonen leichter.

SO GEHT'S

1 Stoffstück ca. 5-10 mm größer als die Schablone ausschneiden (je kleiner das Hexi, desto schmaler die Zugaben). Stoff und Papier mit einem Clip fixieren.

2 Die Stoffkanten entlang den Papierkanten umklappen und mit den Fingern festdrücken. Die überlappenden Nahtzugaben ringsherum mit je einem Stich heften. Der Nähfaden kann später entfernt werden oder bleiben. Die Schablone dabei NICHT mit annähen! Viele Hexis nähen und in einer schönen Box einsortiert sammeln. Papierschablonen NICHT entfernen.

3 Für Dein Projekt entsprechend viele Hexis vorbereiten und anordnen, so dass sie auf den Schnitt passen. Falls nötig auf die Musterrichtung achten. Ein Foto davon als Erinnerungsstütze bietet sich an.

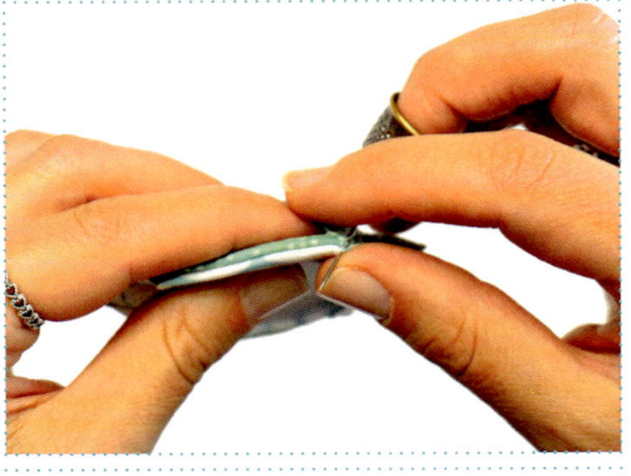

4 Garnende verknoten. Zwei Teile rechts auf rechts und Kante auf Kante legen und mit kleinen Stichen zusammennähen.

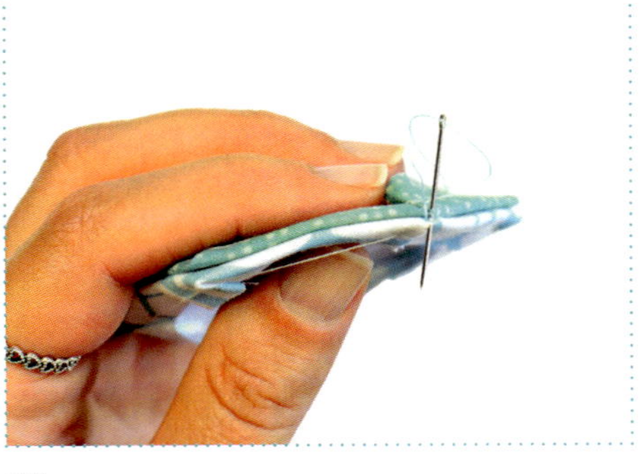

5 Papier nicht mitfassen. Nur ein bis zwei Fädchen vom Stoffgewebe fassen, so dass man die Naht später von der Außenseite kaum sieht.

6 Der Stichabstand beträgt ca. 2mm.

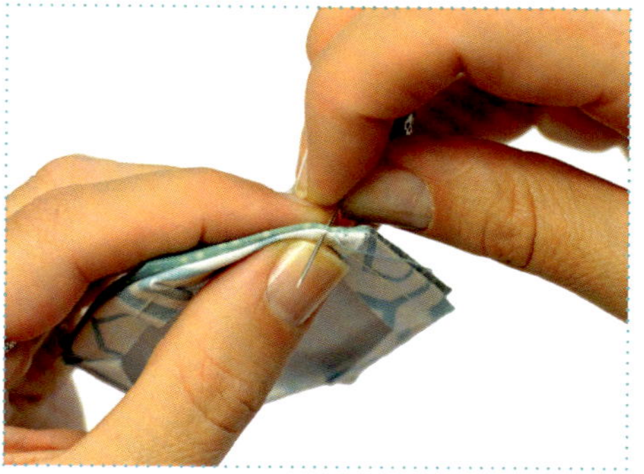

7 Die Papierschablonen bleiben weiterhin in den Sechsecken.

8 Nähfaden unsichtbar unter der Nahtzugabe von einer Ecke zur anderen nähen, wenn die zu nähenden Teile nicht nebeneinander liegen.

9 Die Hexis in entsprechender Anordnung aneinander nähen, wie es für das gewünschte Projekt notwendig ist.

10 Ansicht von der Vorderseite. Die Nähte sind kaum zu sehen.

11a Am fertigen Teil mit der Spitze einer Schere vorsichtig unter die Nahtzugabe fahren und die Papierschablone herausziehen.

11b Oder mit der Spitze einer Schere vorsichtig in das vorher eingestanzte Loch fahren und Papierschablone entfernen.

12 Die Papierschablonen können öfters benutzt werden. Eventuell vorher kurz bügeln.

BE SO HAPPY
THAT WHEN
OTHERS LOOK
AT YOU THEY
I'm sew happy!
KINDNESS

Einfacher Schnitt

Einen einfachen Täschchenschnitt mit Reißverschlussöffnung und Boden nach eigenen Maßen zu erstellen, ist gar nicht so schwierig.

BENÖTIGTE MAßE

Zunächst benötigst Du dafür drei Maße:

- Breite der Tasche oder fertige Reißverschlusslänge
- Höhe der Tasche
- Tiefe der Tasche/Breite des Bodens

Beachte hierbei folgendes:
Bedenke bei der Breite, dass sich der Reißverschluss an der oberen Kante nicht komplett bis zu den beiden Seiten öffnen lässt. Sowohl die Abdeckungen an beiden Enden, als auch der Schieber müssen hinzugerechnet werden. Zudem sollte der Reißverschluss inklusive Abdeckungen ca. 5 mm kürzer als die fertige Taschenbreite sein, so dass sich die Seitennähte gut nähen und die Ecken schöner ausformen lassen. Die Breite des Bodens sollte wesentlich kleiner als die Höhe der Tasche sein.

BEISPIELE FÜR DIE BREITENBERECHNUNG

A. Für ein Täschchen, in das 19 cm lange Stifte passen sollen und für welches ein Endlosreißverschluss verwendet wird, kannst Du die Schnittbreite wie folgt errechnet:
Reißverschlussöffnung: 19 cm
Schieber (abmessen, variiert je nach Modell): 1,2 cm (bei mir)
2 Endabdeckungen: je 0,8 cm
Spielraum: 0,5 cm

>> fertige Breite des Täschchens: 22,2 cm

B. Falls Du einen Reißverschluss mit Metall- oder dicken Plastikzähnchen in einer vorgegebenen Länge benutzt, bist Du bei der Breite etwas eingeschränkter. Es empfielt sich in diesem Fall, die Endabdeckungen anzunähen und dann die fertige Länge zu messen. Hierzu werden dann noch die 0,5 cm für den Spielraum dazu addiert.

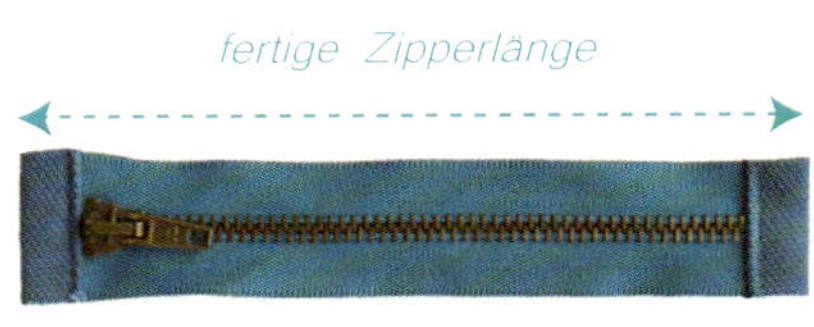

1 Beginne mit einem Rechteck: Breite x Höhe.

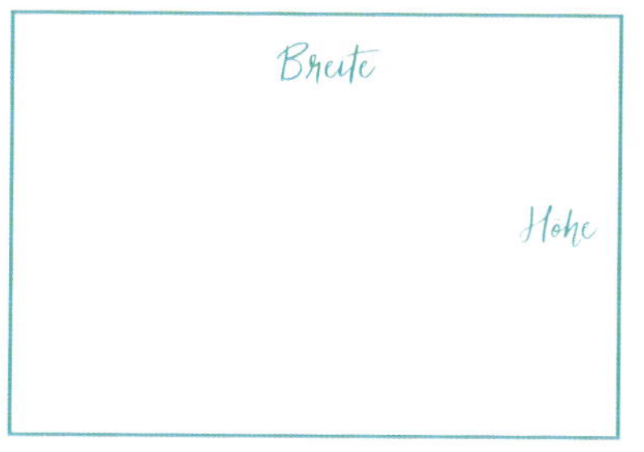

2 Addiere die halbe Bodentiefe an die Unterkante der Seiten nach außen und an der unteren Kante nach unten. Dieses Teil kann als Schnittteil für Einlage benutzt werden.

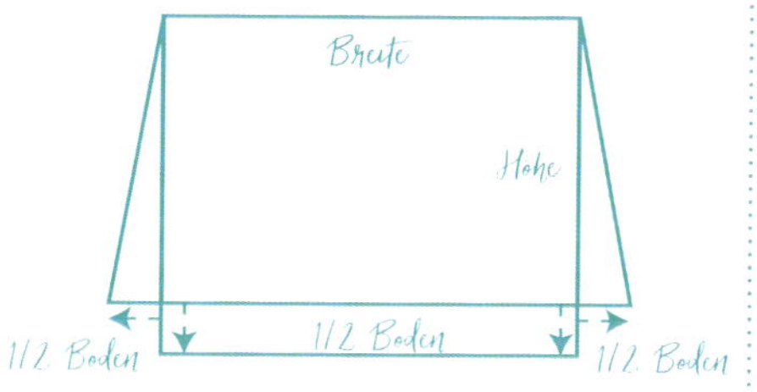

3 Zeichne nun rundherum die Nahtzugaben an. Beschrifte die Teile und zeichne den Fadenlauf ein. Dieses ist das Futterteil.

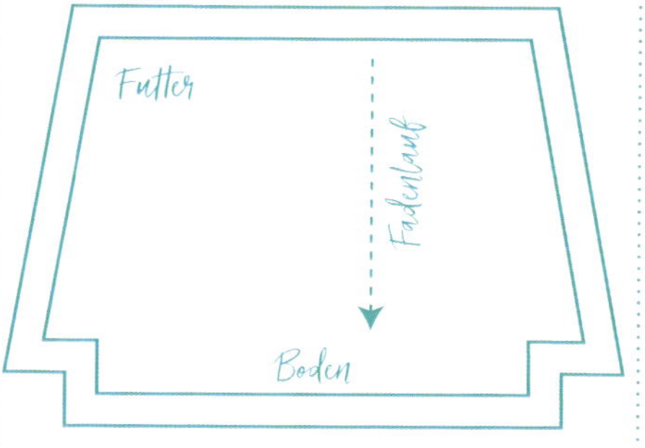

4 Am Außenteil kann an der Unterkante die Nahtzugabe gelöscht und das Teil im Stoffbruch zugeschnitten werden.

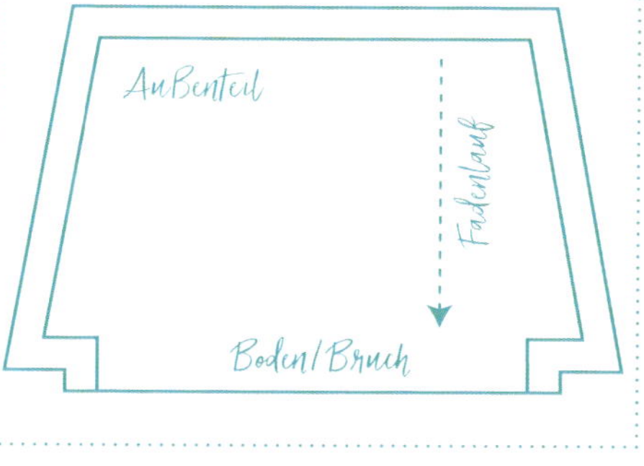

Prototypen

PROTOTYPEN NÄHEN

Mach Dir die Mühe und nähe Prototypen aus ähnlichen Materialien. So kannst Du herausfinden, ob Dir die Proportionen gefallen, die Zipperöffnung groß genug ist und ob Du die Tasche gut wenden kannst, speziell wenn sie klein und aus einem festeren Material ist. Mach Dir dabei Notizen, was Du ändern möchtest. Du kannst diese auch gleich direkt auf die Schnittteile schreiben. Es empfiehlt sich, die Schnitte der Prototypen zu behalten, falls Du noch einmal darauf zurückgreifen möchtest. Wenn Du sicher bist, dass die Änderungen stimmig sind, kannst Du gleich ein richtiges Modell nähen. Wenn es viele größere Änderungen waren, solltest Du darüber nachdenken, ein weiteres Probemodell zu nähen.

Bei den Downloads ist ein fertiger Schnitt für ein solches Täschchen in zwei Größen enthalten.

Diese Art Schnitt eignet sich hervorragend als Schlampermäppchen. Du kannst die größere Variante einfach wie hier gezeigt auf die nötige Breite verbreitern und an Deine Bedürfnisse anpassen.

Falls Du dem Handlettering verfallen bist, wirst Du festgestellt haben, dass es kaum Mäppchen für die Stiftlänge der Brushpens gibt. Ab sofort machst Du Dir dieses einfach selbst!

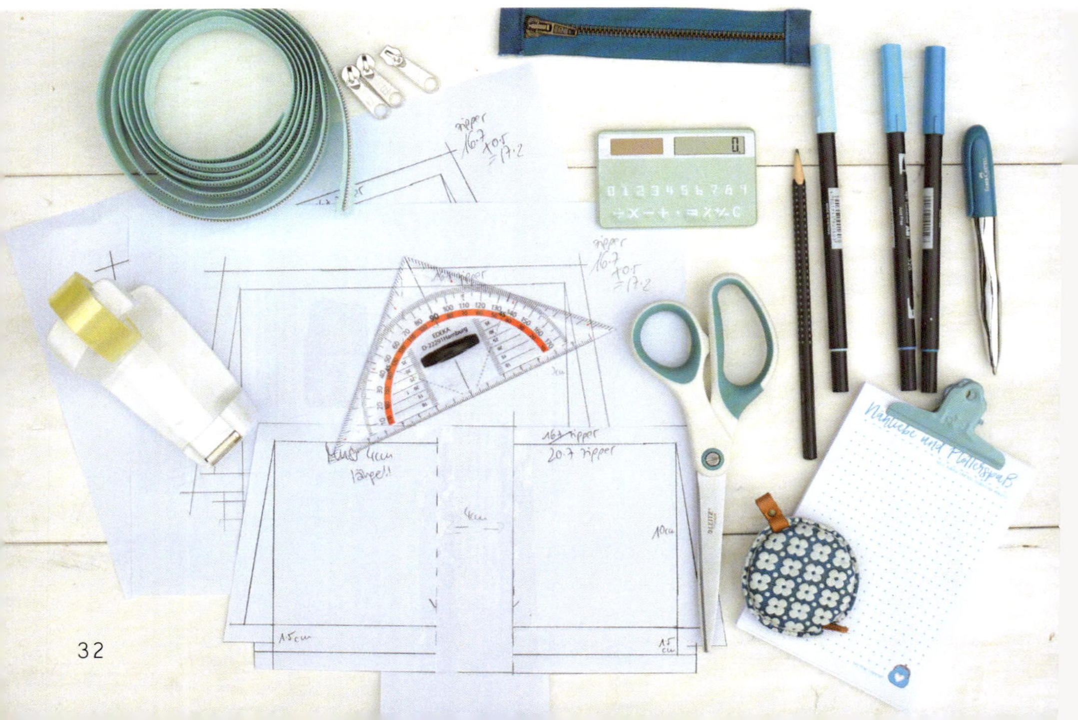

Schnitt ändern

Wie bei jedem Schnitt können Änderung notwendig werden. Wie diese umgesetzt werden zeigen die folgenden Skizzen.

1. Breite anpassen

1 Das Teil vertikal mittig einschneiden, um die Breite zu verändern.

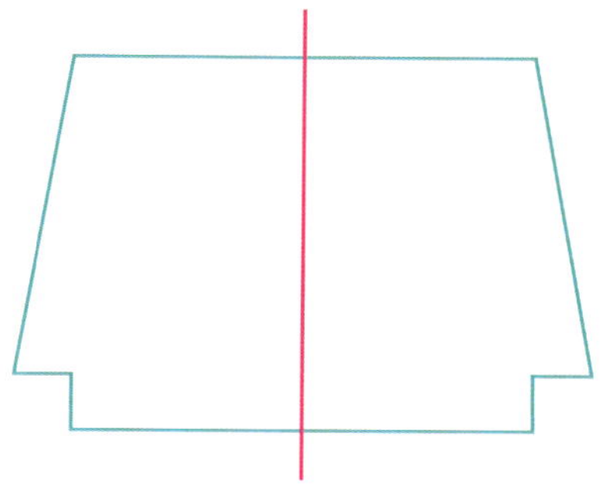

1a Teile auseinanderziehen zum Verbreitern. Kanten nachzeichnen.

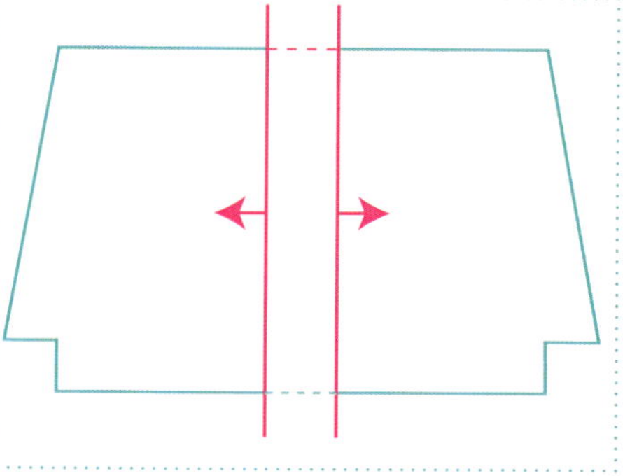

1b Teile überlappen zum Verkleinern.

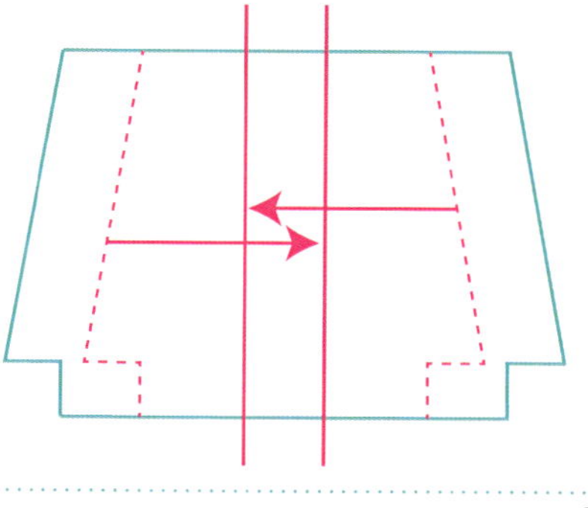

2. HÖHE VERÄNDERN

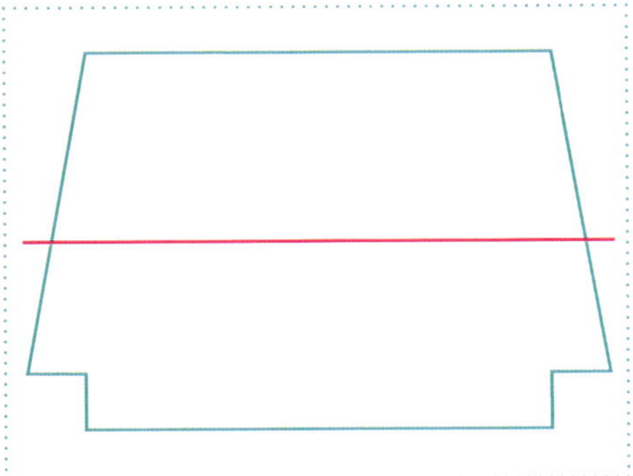

2 Das Teil horizontal mittig einschneiden, um die Höhe zu verändern.

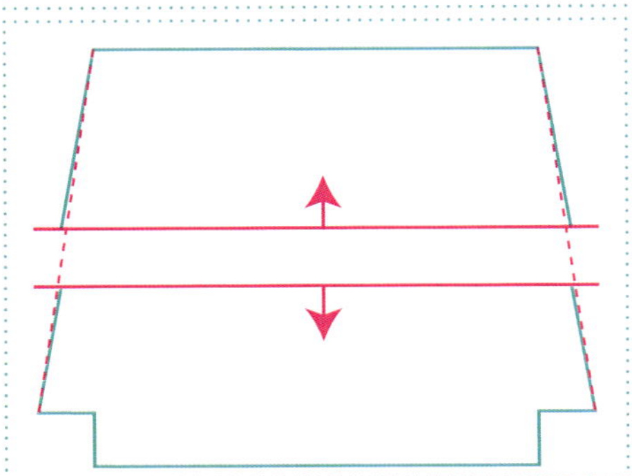

2a Teile auseinanderziehen zum Erhöhen. Neue Seitenlinien einzeichnen.

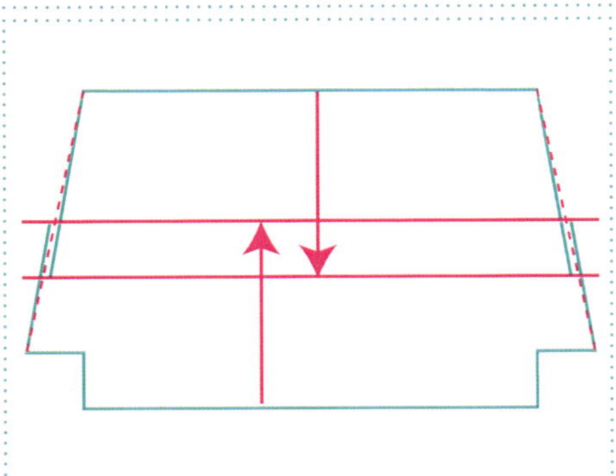

2b Zeichne nun rundherum die Nahtzugaben an. Beschrifte die Teile und zeichne den Fadenlauf ein. Dieses ist das Futterteil.

3. BODENTIEFE MODIFIZIEREN

3a Boden verbreitern. Nach unten und außen den gleichen Betrag anzeichnen.

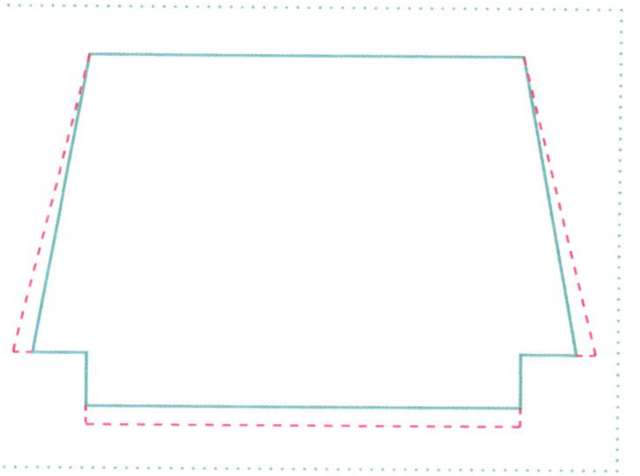

3b Boden schmaler machen. Nach oben und nach innen um den gleichen Betrag verkleinern.

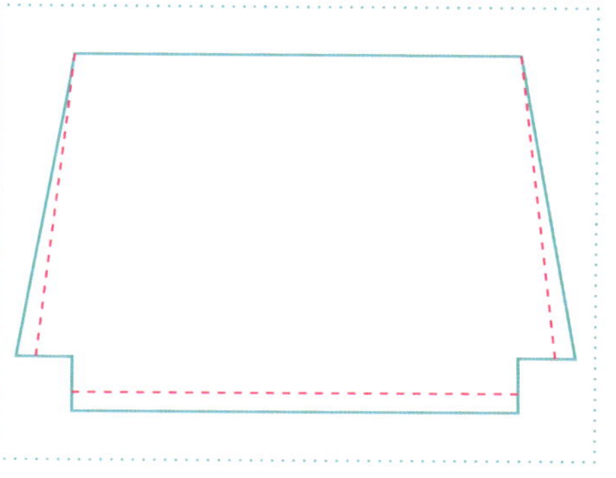

Wenn Du die Mini-Variante des Täschchen mit Boden um 9cm verbreiterst passen die Tombow Dual Brush Pens hinein. Der Stoff ist mit der Tie Dye Methode selbst gefärbt.

Taschen-Trio:

Ein Reißverschluss – drei Varianten.

MIT BODEN UND ORIGAMI-ECKE, VON DER GRÖßE GEEIGNET ALS STIFTEMÄPPCHEN Z.B. FÜR BRUSHPENS.

TÄSCHCHEN MIT BODEN IM STIL VON ENGLISH PAPER PIECING

FLACHE TÄSCHCHEN MIT RUNDEN ECKEN UND PASPEL.

Reißverschluss

Die einzelnen Taschen sehen verschieden aus, haben aber die Verarbeitung des Reißverschlusses gemeinsam. Der Reißverschluss wird ca. 0.5 cm kürzer als die fertige, obere Taschenbreite. Die Enden werden mit Stoffstreifen bzw. Schrägband eingefasst. Somit sind diese innen und außen sauber und es gibt keine unschönen „Beulen" an den Seiten.

REIßVERSCHLUSS VORBEREITEN

1 Den Schieber auffädeln und vorsichtig einige Male über die Raupe nähen. Enden knapp neben der Naht begradigen.

2 Die Länge abmessen, mit einer Nadel markieren und knapp links neben der Markierung beide Raupen zusammennähen. Enden an der Markierung begradigen.

3 Um beide Enden je ein Stück Schrägband legen und schmalkantig festnähen. Nahtanfang und -ende vernähen. Alternativ kannst Du selbst zwei Stoffstücke in der Zipperbandbreite so bügeln, dass sie einem Schrägband gleichen. Überstehenden Stoff abschneiden.

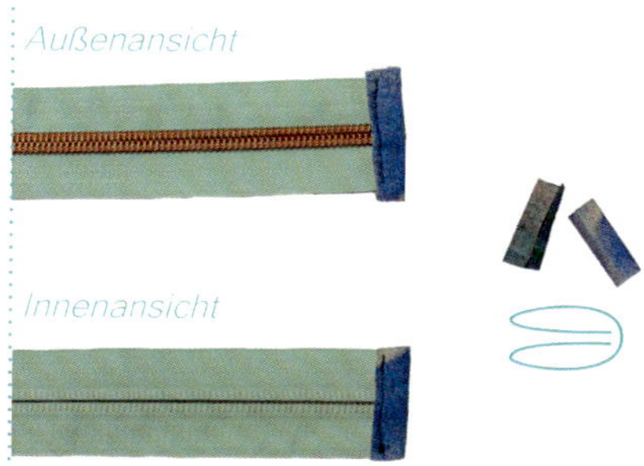

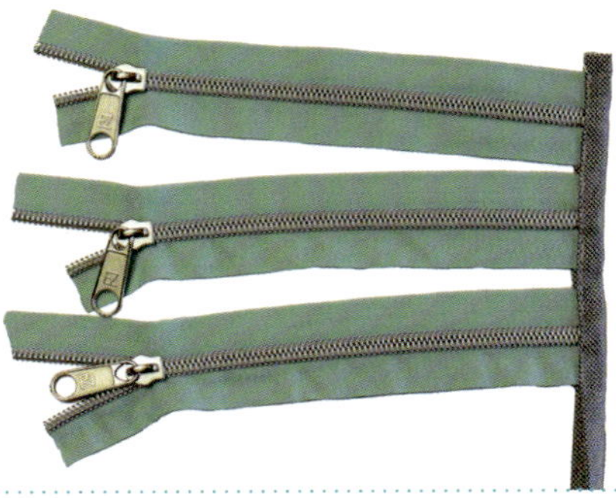

4 TIPP: Solltest du mehrere Taschen aus dem gleichen Stoff nähen, kannst du ein „endloses" Schrägband um eine Seite legen und um die Zipperenden nähen. Danach an den anderen Enden wiederholen. Das spart Zeit! Auf jedem Zipper Nahtanfang und -ende gut verriegeln.

5 Egal wie der Unterbau eines kleinen Täschchens gestaltet ist, lässt sich ein auf diese Weise vorbereiteter Reißverschluss an der Oberkante in ein kleines Täschchen einnähen.

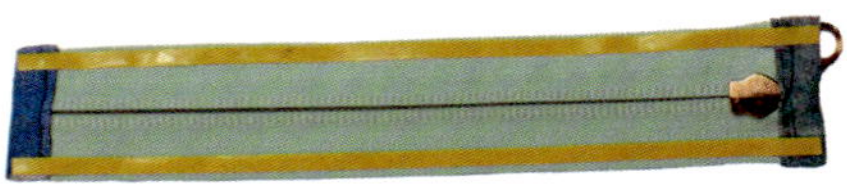

Doppelseitiges Klebeband innen und außen an die Zipperkanten kleben.

6 Den geschlossenen Reißverschluss mit den Zähnchen nach unten und dem Schieber links mittig auf die vordere Oberkante des Außenteils kleben.

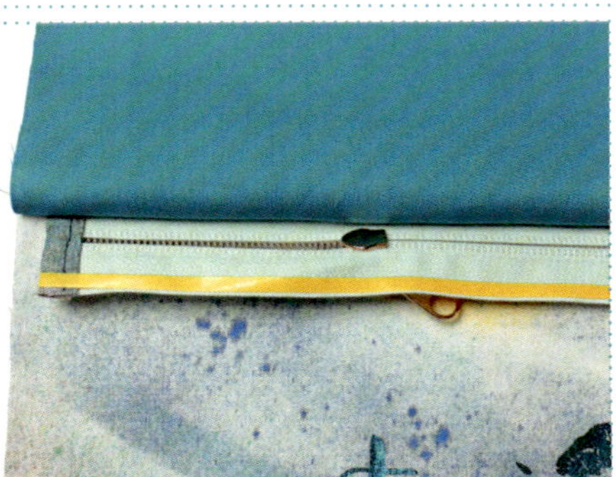

7 Futterteil mit der rechten Seite nach unten an der Oberkante auf den Reißverschluss kleben.

8 Mit dem Reißverschlussfuß an der Maschine alle Lagen zusammen nähen.

9 Mit der zweiten Seite ebenso verfahren. Den Zipper mit den Zähnchen in Richtung rechter Stoffseite an die Oberkante des Außenteils kleben.

10 Mit dem Reißverschlussfuß an der Maschine wieder alle Lagen zusammennähen.

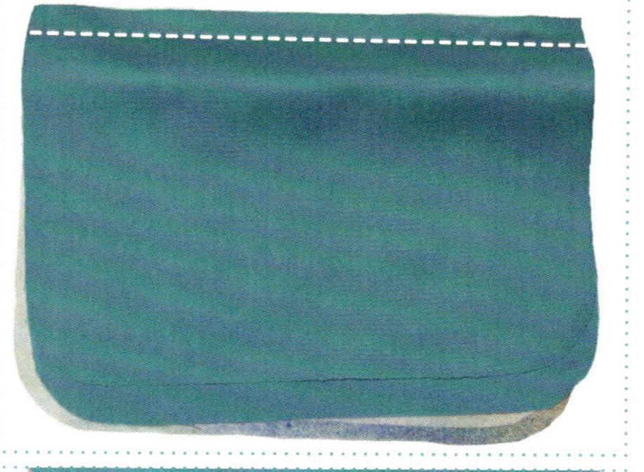

11 Das Außenteil zur wegklappen! Das Futter und die Nahtzugaben knappkantig flach steppen.

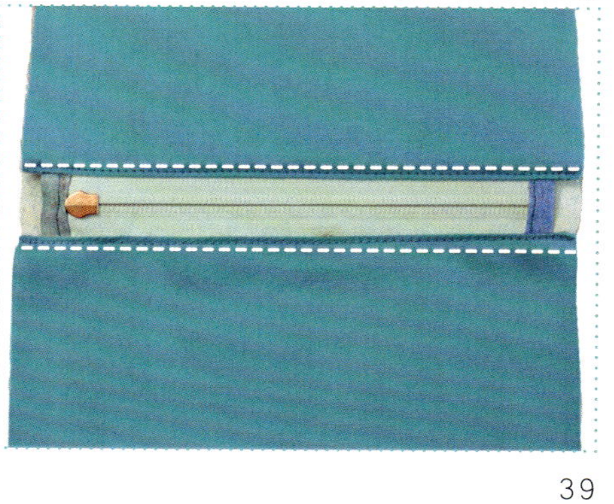

Flaches Täschchen mit Paspel

Ab hier variieren die Arbeitsschritte je nach Modell.
Die Variante mit runden Ecken und Paspel wird so genäht:

TASCHE FERTIGSTELLEN

1 Paspelband mit der offenen Kante an die Außenkante des Vorderteils legen und feststecken. In den Rundungen locker um die Kurve stecken.

2 Das Paspelband beginnt und endet auf der Reißverschlussnaht. Die Enden entweder nach außen ziehen (1) oder nach vorne klappen (2). Band mit dem Reißverschlussfuß auf der Naht des Paspelbandes ringsherum annähen.

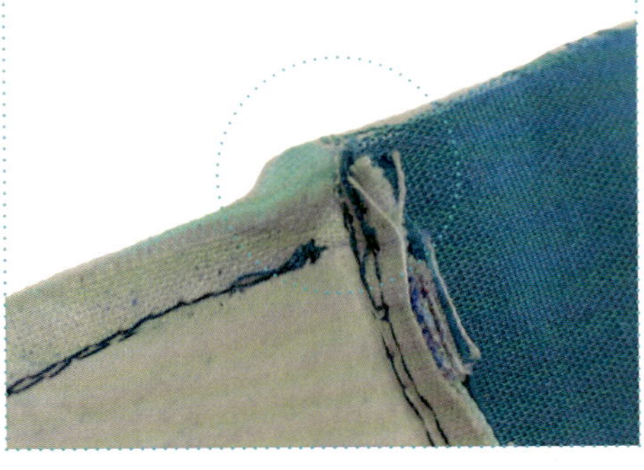

3 Beim Annähen des Paspelbandes die Nahtzugabe der Zippernaht nicht mit festnähen!

4 Außenteile und Futterteile rechts auf rechts aufeinander legen und diese mindestens an der Naht am Zipper zusammen stecken. Die Futterteile am Anfang und Ende der Wendeöffnung zusammenstecken.

5 Reißverschluss öffnen. Ringsherum unter Verwendung des Reißverschlussfusses die beiden Lagen zusammennähen. Im Futter die Wendeöffnung offen lassen. Die Nahtzugabe an den Rundungen und im Bereich der Zippernaht zurückschneiden.

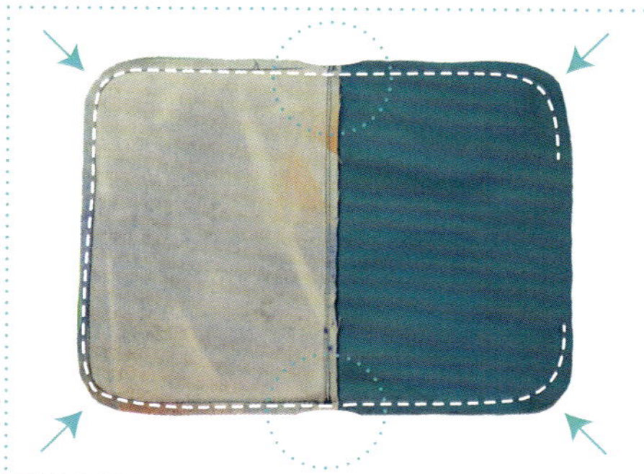

6 Futterteile und Außenteile aufeinander klappen und an einer Seite auf der Nahtzugabe mit einigen Stichen zusammen nähen. Dies verhindert, dass das Futter komplett herausgezogen werden kann, da es am Außenteil fixiert ist.

7 Tasche durch die Öffnung wenden. Rundungen vorsichtig ausformen. Kante flach bügeln. Falls Du die Teile verziert hast beim Bügeln ein Tuch oder Backpapier darauf legen. Wendeöffnung schließen. Hierfür eignet sich der Reißverschlussfuss nicht so gut, da sich beim schmalkantigen Absteppen gerne der Stoff verzieht und nicht so gut transportiert wird. Futter zurück in die Tasche schieben. Fertig.

Täschchen mit Boden

Das Täschchen mit abgenähter Bodenecke ist nach der Art Schnitt genäht, wie auf den Seiten 32 und 33 erklärt wurde. Das Außenteil wurde im Bruch zugeschnitten und mit Hexis verziert.

TASCHE FERTIGSTELLEN

1 Die mit Hand zusammengenähten Hexis wurden mittig auf das Außenteil gelegt und jeweils ringsherum schmalkantig aufgenäht. Du kannst die Hexis auch anders aufnähen, wichtig ist nur, dass das komplette Teil ringsherum fest genäht wird.

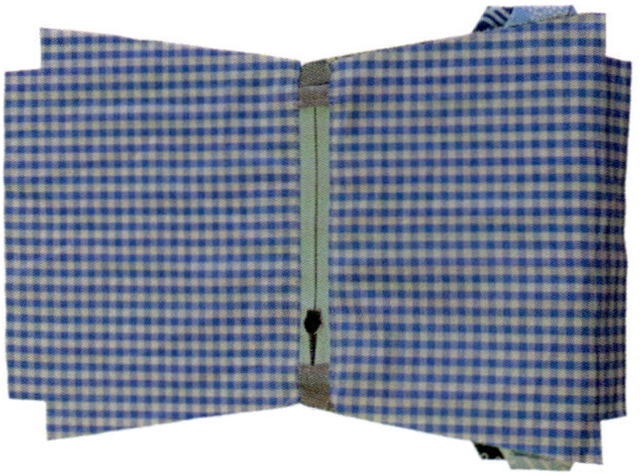

2 Zipper vorbereiten und annähen, wie auf den Seiten 39 bis 41 beschrieben. Es sieht dann aus wie auf diesem Bild.

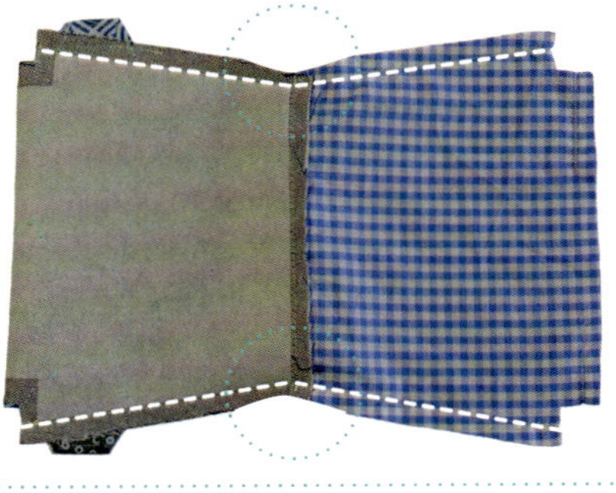

3 Beide Seitennähte mit dem Reißverschlussfuß zusammennähen (mit dem normalen Fuß kommst du nicht nahe genug am Zipperende vorbei). Im Bereich der Reißverschlussenden die Nahtzugaben zurückschneiden.

4 Die Bodennaht des Futters schließen, dabei eine Wendeöffnung lassen. Falls das Außenteil nicht im Bruch zugeschnitten ist, auch dort die Bodennaht schließen.

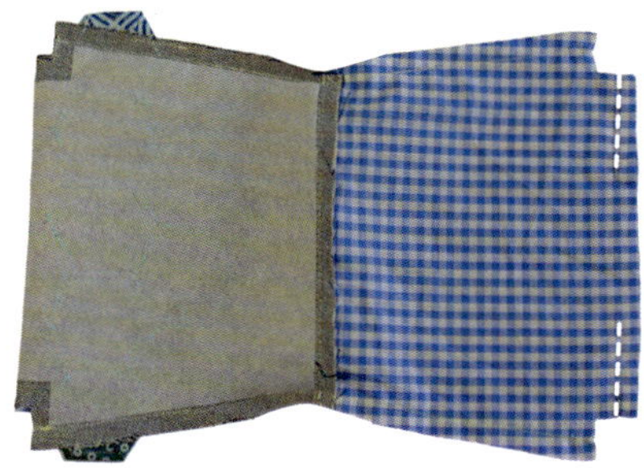

5 Die beiden Bodenecken am Außenteil abnähen.

Die beiden Bodenecken am Futter ebenfalls abnähen.

6 Die kurzen Bodennähte von Futter und Außenteil mit ein paar Stichen zusammennähen, so dass das Futter später an der Tasche nicht herausgezogen werden kann. Bei kleinen Täschchen reicht es an einer Seite.

7 Tasche durch die Öffnung wenden. Ecken vorsichtig ausformen und Täschchen bügeln. Futter aus der Tasche ziehen und die Wendeöffnung schließen. Futter zurück in die Tasche schieben, nochmal kurz bügeln. Wer mag kann ein Lederband mit Perlen am Schieber befestigen. Fertig. WOW!

Tasche mit Origami-Ecke

Als dritte Möglichkeit gibt es noch die Origami-Ecke. Das Außenteil besteht bei diesem Modell aus einem dreigeteilten Oberteil und einem einteiligen Bodenteil.

TASCHE FERTIGSTELLEN

1 Zunächst jeweils drei Oberteile rechts auf rechts zusammennähen.

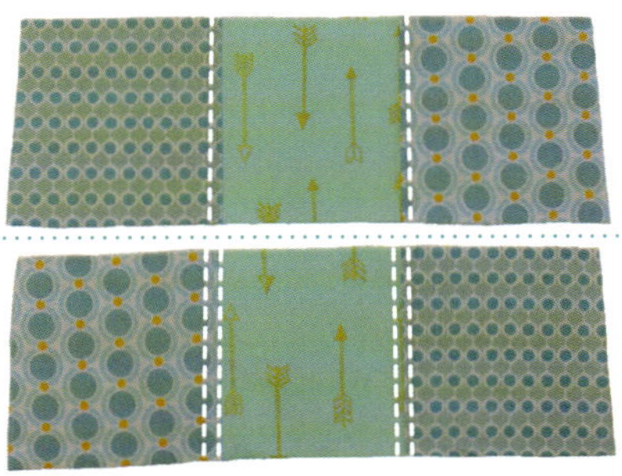

2 Nahtzugaben entweder in eine Richtung (in das Mittelteil oder die Außenteile legen) und schmalkantig absteppen.

Oder auseinder legen und beidseitig absteppen.

3 Paspelband mit der offenen Kante nach außen auf die rechte Stoffseite auf die beiden langen Kanten des Bodenteils aufnähen.

4 Oberteile mit der längeren Kante rechts auf rechts an das Bodenteil nähen.

5a Nähte schmalkantig absteppen. Etikett aufnähen wenn gewünscht. Reißverschluss und Futter annähen wie auf den Seiten 39 bis 41 erklärt.

5b Beim Schnitt ist alternativ ein einteiliges Oberteil enthalten (vordere Variante).

6 Sobald der Zipper eingenäht ist sieht es so aus. Im Futter die Bodennaht schließen, dabei eine Wendeöffnung lassen.

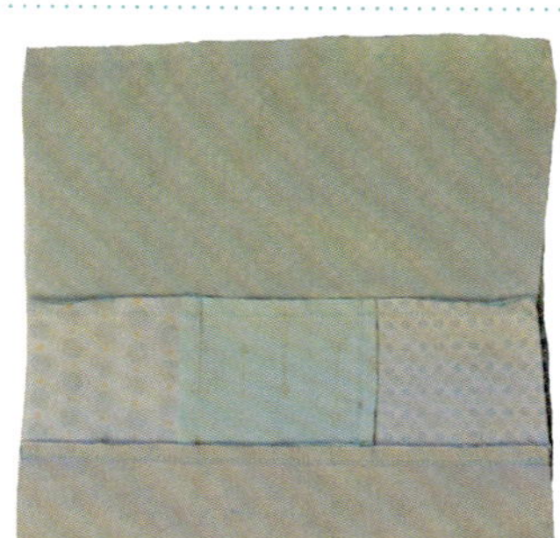

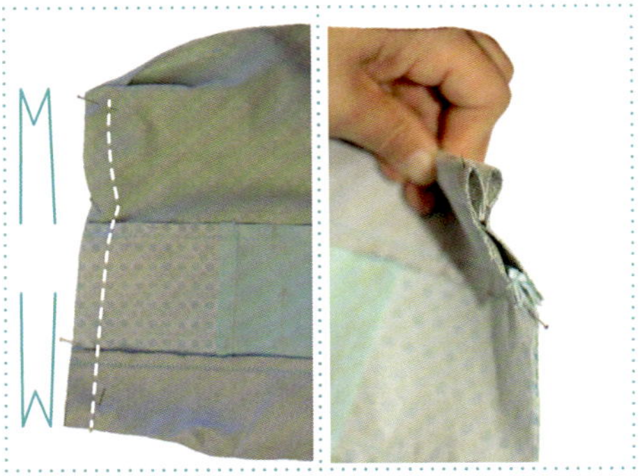

7 Die Bodenfalten anhand der Schnittmarkierungen im Außenteil und Futter feststecken. Die Seitennähte mit dem Reißverschlussfuß zusammennähen.

8 Futter und Außenteil an einer oder beiden Unterkanten auf der Nahtzugabe zusammen nähen.

9 Tasche wenden und Wendeöffnung im Futter schließen.

10 Tasche nach rechts wenden und stolz freuen!

Ein Schnitt -
unterschiedlicher Look

Mini Geldbeutel

Zum Verschenken oder für Dich selbst.

INKL. SVG-PLOTTER-DATEIEN.

Mini Geldbeutel

Eine schöne Geschenkidee: dieser Mini Geldbeutel aus Kreativpapier, mit oder ohne Schlüsselanhänger, ist ein praktisches Utensil. Zudem ist er ganz fix genäht.

SO GEHT'S:

1 Die beiden Seitenteile rechts auf rechts mittig knicken und links auf links auf das Außenteil legen. Eventuell mit Stoffklammern fixieren.

2 Die Teile wenden und schmalkantig zusammennähen, dabei die Unterkante offen lassen. Nahtanfang und -ende gut vernähen.

3 Die beiden Lagen der „Lasche" ringsherum schmalkantig absteppen. Dieser Schritt entfällt bei der Variante ohne Lasche.

4 Teil wenden und das Vorderteil links auf links mit Klammern an die Seitenteile klammern.

5 Das Vorderteil und die Seitenteile an beiden kurzen Kanten schmalkantig zusammennähen.

6 Vorderteil und Außenteil an der Unterkante schmalkantig zusammennähen.

7 Druckknopfposition auf der Klappe markieren und mit einer Lochzange ein Loch anbringen.

8 Die Klappe mit etwas Spielraum schließen und die untere Knopfposition durch das Loch markieren.

9 Hier erkennst Du, dass die Klappe nicht direkt an der Kante geknickt wird. Mit der Lochzange ein Loch am Vorderteil anbringen.

10 Druckknopf am Vorderteil und an der Klappe anbringen.

11 Schlüsselbandrohling an der Lasche befestigen. Alternativ kannst Du auch eine Öse anbringen.

E-Books
zum Herunterladen

Multimade-Bag

Shopper wird zur Gürteltasche

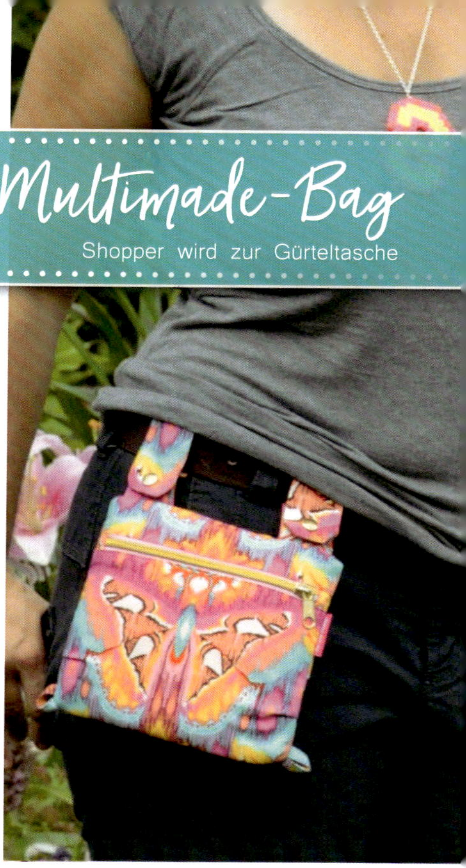

DU BRAUCHST:

- Außenmaterial komplette Tasche (Webware): 75 cm hoch x 130 cm breit oder bei unterschiedlichen Materialien wie folgt:

- Außenmaterial Shopper: 72 cm hoch x 105 cm breit
- Außenmaterial Gürteltasche/Handtäschchen/Lenkertasche: 36 cm hoch x 57 cm breit

- Futter (Webware): 20 cm hoch x 40 cm breit
- Rest Vlieseline, z.B. H200 oder H250
- ca. 40 cm Endlosreißverschluss mit 2 Schiebern oder 2x 16 cm
- Klett (je Haken- und Flauschseite): je ca. 5 cm, 2-3 cm breit
- Druckknopf Ober- und Unterteil 2 Sets
- Zusätzlich für die Handtasche: ca. 2m Kordel für den Träger

TIPP:

Die Faltanleitung ist separat zum Ausdrucken enthalten, falls Du die Tasche verschenken magst.

Mokringpurse

mit Platz für einen Mini-Stift

DU BRAUCHST:

- Baumwollpopeline für Hauptteil außen und innen: 23 cm hoch x 23 cm breit oder 46 cm hoch x 11.5 cm breit
- Decovil Light für Hauptteil außen: 21 cm hoch x 9.5 cm breit
- Vlieseline S320 oder H250 für Hauptteil innen: 21 cm hoch x 9.5 cm breit
- Baumwollpopeline für Innenteile: 40 cm hoch x 21 cm breit
- Vlieseline H250 oder S320 für Innenteile: 30 cm hoch x 18 cm breit
- 3 - 4 Druckknöpfe für die Außen- und Innenklappe, ca. 10-12 mm Durchmesser

Filzgeldbeutel

inklusive Stickdatei "Blumenranke"

DU BRAUCHST:

- 2 mm Wollfilz, Leder oder LKW-Plane: ca. 78 cm hoch x 21 cm breit oder z.B. 3 Platten Wollfilz je 30 cm hoch x 20 cm breit
- Leder: ca. 5 cm hoch x 26 cm breit (21 cm für die Außendeko und 5 cm für die Reißverschlussenden)
- Baumwolle: ca. 32 cm hoch x 22 cm breit
- Fensterfolie: ca. 6 cm hoch x 27 cm breit
- 1 Steckschnalle, ca. 2,5 cm breit und 3,5 cm lang
- 1 Reißverschluss: 16 cm lang, nicht teilbar, 3 mm Zähnchen, Kunststoffschiene (kann auch länger sein, es wird erklärt wie er gekürzt wird)

Kalenderhülle

aus verschiedenen Materialien

Du brauchst (für die Variante aus Kork/Kunstleder):

- Einlage Innenfutter: Decovil light 19.5 cm hoch x 31 cm/27.5 cm breit
- Baumwollstoff für Innenleben: 55 cm hoch x 40 cm breit
- Fensterfolie für Innenfach: 19.5 cm hoch x 5 cm breit (maximal)
- Rest Vlieseline, zB. H200 oder H250 für Innentaschenklappe
- 1 Kipphebelmechanik mit Rückenschiene, Lochabstand (in mm) 19-19-51-19-19
- Verschluss für Außenlasche: Magnet, Klettband oder Druckknopf
- Druckknopf Ober- und Unterteil für die Innentasche: 1 Set
- Gummiband für Stifteschlaufe: 5 cm, ca. 10-15 mm breit
- Stylefix oder doppelseitiges Klebeband schmal: ca. 50 cm
- Außenmaterial aus Kunstleder, Leder, Kork oder SnapPap: 30 cm hoch x 34 cm/30 cm breit
- Optional: Vlieseline H250 oder S320, 19.5 cm hoch x 31 cm/27.5 cm breit
- Stylefix/doppelseitiges Klebeband: ca. 1 m, oder Textilkleber

Schneckentasche

Kosmetiktasche und Handtasche

DU BRAUCHST (FÜR DIE HANDTASCHE):

- Oberstoff (Webware): 5 Stoffe à ca. 25 cm hoch x 45 cm breit
- Vlieseinlage (für alle Oberstoffteile): ca. 75 cm hoch x 90 cm breit
- Futter (Webware): ca. 60 cm hoch x 90 cm breit
- nach Belieben: Zierborten, Bänder, Zackenlitze oder Applikationen
- 1 Reißverschluss: 40 cm lang, 3 oder 5 mm Zähnchen
- 1-2 Reißverschlüsse für Innentaschen: 18 cm lang, 3 mm Zähnchen
- Gurtband: ca. 140 cm - 170 cm lang und 4 cm breit
- 2 D-Ringe: für 4 cm breites Gurtband
- 1 Versteller: für 4 cm breites Gurtband

Die Materialangaben für die Kosmetiktasche findest Du im E-book.

Riesenshopper

als Strandtasche oder ...?

DU BRAUCHST:

- Oberstoff 1 (Webware): ca. 53 cm hoch x 90 cm breit
- Oberstoff 2 ("): ca. 55 cm hoch x 80 cm breit
- Oberstoff 3 ("): ca. 42 cm hoch x 30 cm breit
- Oberstoff 4 ("): ca. 40 cm hoch x 30 cm breit
- Oberstoff 5 ("): 8 cm hoch x 44 cm breit oder 16 cm hoch x 22 cm breit
- Futter (Webware): ca. 110 cm hoch x 150 cm breit
- Vlieseinlage: ca. 25 cm hoch x 65 cm breit
- eventuell Vlieseinlage oder Volumenvlies: ca. 115 cm hoch x 90 cm breit
- Schrägband: 2 m
- 3 Druckknöpfe
- Gurtband: ca. 110 cm lang und 4 cm breit, 28 cm lang und 2 cm breit
- 2 D-Ringe: für 4 cm breites Gurtband
- 1 Versteller: für 4 cm breites Gurtband
- 1 Schnalle: 2 cm breit

Notizbuchhüllen

in verschiedenen Größen

DU BRAUCHST:

Für die DIN A5 Hülle:

- ReLeda

oder

- ReLeda, Decovil light/Decovil und Stoff, z.B. Popeline oder Canvas

oder

- ReLeda und Wollfilz

für alle Varianten zusätzlich:

- 1x Kugelverschluss
- 1x Schieber 40 mm
- eventuell Textilkleber oder Wonder Tape

Für die Minihüllen (Größe bis zu DIN A6 Heften/Blöcken):

- ReLeda
- Gummiband

Die mintfarbene Hülle auf der Buchrückseite ist nach dieser Anleitung genäht.

DU BRAUCHST (FÜR DIE KLEINE VARIANTE):

- Oberstoff (Webware): ca. 20 cm hoch x 80 cm breit
- eventuell Vlieseinlage (für alle Oberstoffteile): ca. 20 cm hoch x 80 cm breit
- eventuell Volumenvlies (für alle Oberstoffteile außer den Henkel):
- ca. 20 cm hoch x 80 cm breit
- Futter (Webware): ca. 20 cm hoch x 80 cm breit
- nach Belieben: Zierborten, Bänder, Zackenlitze oder Applikationen (es wird zusätzlich ein Reststück Vlieseinlage zum Verstärken des Oberstoffes unter der Applikation benötigt).
- 1 Reißverschluss: 18 cm lang, 5 mm Zähnchen

TIPP:
Die größere Variante eignet sich als Kultur- oder Strickzeugtasche.

DU BRAUCHST (FÜR DIE KLEINERE VARIANTE):

- Oberstoff (Webware) oder Wachstuch: ca. 18 cm hoch x 30 cm breit
- Futter (Webware) oder Wachstuch: ca. 18 cm hoch x 30 cm breit
- eventuell Vlieseinlage: ca. 18 cm hoch x 25 cm breit
- nach Belieben: Zierborten, Bänder, Zackenlitze oder Applikationen (hierfür wird zusätzlich ein Reststück Vlieseinlage benötigt)
- 1 Reißverschluss: Vislon 5 (Krampenschiene), nicht teilbar, 22 cm
- fertiges Schrägband, 20 cm

TIPP:

Das E-Book enthält eine Anleitung, wie Du Dir den Schnitt nach eigenen Maßen erstellen kannst.

Plotten

AUF VORRAT PLOTTEN

Leider habe ich für meinen Plotter noch keinen festen Platz gefunden. Daher plotte ich gerne auf Vorrat. Ich arrangiere mehrere Motive auf der Fläche und speichere mir die Datei in der Software für später ab. Das spart Zeit und Du nutzt die Folien gut aus. Ich entgittere nur die Motive, die ich sofort verarbeite, so dass keine Fusseln am Trägermaterial haften bleiben.

EINE TEXTILPRESSE

... erleichtert das Anpressen geplotteter Motive ungemein. Du bekommst einen gleichmäßigen und hohen Druck. Ich benutze sie auch gerne, um Vlieseinlage auf meine zugeschnittenen Stoffteile aufzupressen. Das ist mir mit dem Bügeleisen oft zu umständlich und dauert zu lange, wenn ich viel nähe. Zudem hält sie so besser. Vielleicht rentiert es sich für Dich ja auch.

HEIßPRÄGEFOLIE

... habe ich neu für mich entdeckt. Du plottest das Motiv spiegelverkehrt aus schwarzer Flexfolie aus und presst es auf das Textil. Danach legst Du die Folie auf das Motiv und presst diese ebenfalls an. Sie bleibt auf der Flexfolie haften. Du kannst viele Motive materialsparend in schwarz plotten und später Heißprägefolien in unterschiedlichen Farben oder mit Strukur aufbringen. Einge genaue Anleitung liegt beim Folienkauf bei. Wenn Du die Folie vor dem Aufpressen knitterst, erhältst Du eine ungleichmäßige Struktur und die schwarze Flexfolie, die darunter liegt, kommt an den Knickstellen ganz leicht zum Vorschein. Allerdings ist sie etwas „zickig".

Auf den nächsten Seiten findest Du eine Übersicht der bei den Downloads enthaltenen Plotterdateien.

Käfer

2 Motive

Monstera

1 Motiv

Kaktus

3 Motive + Lettering

Monster

5 Motive

Ananas

life is sweet

3 Motive + Lettering

Monstera

1 Motiv

Federn

4 Motive

Kussmund

1 Motiv + Lettering

Anker

1 Motiv

Flamingo

2 Motive + Lettering

Libelle

3 Motive

Blumen

3 Motive

Blumen…

und Blätter – 4 Motive

Nähmaschine

1 Motiv

Pinsel

3 Motive

Notizen

Schlusswort

MEHR VON MIR:

www.im-sew-happy.de
http://instagram.com/im_sew_happy
www.facebook.com/Imsewhappy2013
www.pinterest.com/Imsewhappy2013

Falls Du Fragen zu den Anleitungen hast oder Probleme beim Download oder Öffnen der Dateien auftreten, kontaktiere mich bitte einfach per Mail: hello@im-sew-happy.de.

YEAH!
ICH HABE NOCH EIN GESCHENK FÜR DICH: EINEN GUTSCHEIN-CODE ÜBER 50% AUF ALLE MEINE MAKERIST-DATEIEN. ER LAUTET plotterspass UND IST EINMALIG EINLÖSBAR. KEINE BARAUSZAHLUNG MÖGLICH. NICHT

Weitere einzelne Nähanleitungen und Plotterdateien, als auch Stickdateien und Freebies, findest Du von mir bei Makerist: https://www.makerist.de/users/iam_sew_happy

DANKE

Danke an meinen Ausbilder, Rudolf Moosmüller, der mich „sehen" gelehrt hat.
Danke an meine Eltern, die mich immer unterstützt haben.
Danke an meinen Mann, der all meine kreativen Anfälle erträgt.
Danke an meine Jungs, die mich manchmal einfach machen lassen.
Danke an meine fleissigen Probenäherinnen, die meine Anleitungen und Dateien auf Herz und Nieren prüfen.
Danke an meine liebe Freundin Zarinka Pesa fürs „Modeln". Die Bilder sind wunderschön geworden.
Danke an Miriam Dornemann. Sie gibt mir immer hilfreiche Tipps in Sachen Stoffdesign und steht mit Rat und Tat zur Seite. Und sie hat dieses Buch Korrekturgelesen und mir viele wertvolle Tipps gegeben.
Danke an Johanna Fritz. Sie teilt sehr großzügig ihr Wissen und hat mich mit ihrem Poscast über Self Publishing darauf gebracht, dieses Büchlein in Eigenregie herauszubringen.
Auch ein Danke an Dich, dass Du Dir mein Buch gekauft hast. Ohne die Unterstützung und den Zuspruch meiner Followers und Kunden im großen www wäre das alles nicht möglich. DANKE!

Impressum

Gestaltung: Sabine Milbrandt

Herausgeber: I'm sew happy!
Thüringerstr. 12
91325 Adelsdorf

hello@im-sew-happy.de
www.im-sew-happy.de

Druck: WIRmachenDRUCK GmbH, Deutschland

Fotos: Sabine Milbrandt, Ulf Milbrandt (Seite 1)

Das Kennwort für den Datei-Download lautet: imsewhappy

ISBN: 978-3-96443-213-1

Bestellung und Vertrieb: Nova MD GmbH, Vachendorf